おいしいもの

50歳からはじめる、

大人のレンジ料理

山脇りこ

はじめに

明日の私のために始めたレンチンで、今の私がラクになった

きっかけは母でした。料理が大好きで、台所が自分の部屋みたいな人でした。

年の瀬にはおせちのために、20日ごろからひとりで台所に籠《こ》もるので、

家族は「つるのおんがえし」と言っていたほど。

その母が70代半ばごろだったか、なにもかも今までの倍時間がかかる、

料理が思うようにできない、と言うようになりました。

私の帰省に合わせて張り切ってつくってくれていたごちそうが減り、

おせちの品数も1/3くらいに。

80代になったある時、目に涙をいっぱいためて

「料理が自分の元気のバロメーターなの。最近はね、もう毎日はできなくて。

火もちょっと怖くなった。自分の好きな味が食べたいのに。

あなたにもつくって食べさせたいのに」と。

いいんだよ、買ってきても、チンするだけでも、と母をなぐさめながら、

私は思っていました。「ああ、電子レンジが使いこなせたら、よかったのかもな」と。

母はレンジをほぼ使っていなかったのです。

しかし即、自分にツッコミました、あなたも使えないよね？

ええ、私も使っていませんでした。でもいつかこんな日が、私にもやってきます。

練習してみようかな。フライパンや蒸籠《せいろ》のように、

ひとつの調理道具として使ってみたら、私なりの発見があるかもしれない。

ちょうど、50代になり、自分も変化を感じていました。

重たい鍋にも、洗い物の山にも、たびたびためいき、ときどきうんざり。

レンジ調理を、遅ればせながら研究してみたら、

そんな私を助けてくれることがわかりました。

明日の私のために始めたら、今の私もラクになった！ のです。

少量の調理にぴったり、栄養を逃さない、といったレンジのよさにも気がつきました。

もちろん全部レンジで、なんて思っていません。

フライパンにはフライパンのよさがあるように、レンジにもレンジのよさがある。

それを生かせるようになると、忙しい時に〝しかたなく使う〟のではなく、

おいしくできるから〝積極的に使う〟ようになったのです。

無理はせず、ごきげんでいることが大切と感じる50代からの日々。

自分をいたわりながら、死ぬまで？ 自分でつくって食べるために

「大人のレンジ料理」始めてみませんか？

山脇りこ

もくじ

この本の使い方（電子レンジについてはP.8参照）

・この本で使用している計量カップは200㎖、計量スプーンは大さじ１＝15㎖、小さじ１＝5㎖です。1㎖は1ccです。
・材料表下のエネルギーは、特にことわりのないかぎり、およその１人分の数値です。時間はおよその調理時間です。
・材料表下の◎は一般的に家庭で常備している調味料です。
・この本で使っている「だし」は、特にことわりのないかぎり、昆布・かつお風味のだしです。
・野菜類は特にことわりのないかぎり、洗って皮をむきます。
・「油」はサラダ油、キャノーラ油、米油、ごま油（白）など香りやくせのない植物油のことを指します。山脇さんはごま油（白）を使用しています。
・保存に使う瓶や容器は、消毒したものをお使いください。保存したものを出し入れするときは、清潔な箸やスプーンを使ってください。

第３章
栄養を逃さず調理！
“もう一品”に便利な野菜のおかず

第４章
短時間でホックリ！
芋やかぼちゃの元気レシピ

第５章
気軽に手づくり！
なめらかデザート

電子レンジの十八番《おはこ》

電子レンジには得意・不得意があります。
この本では、得意な点だけをフルに生かして、
おいしくできる料理を紹介します。

食材の持ち味が生かせます

電子レンジは、食材に含まれる水分で調理するので、うまみや香りなど、持ち味がそのまま生かせます。

少量づくりが得意

レンジ調理は大量より少量がおいしくつくれます。少量をおいしく食べたい、50歳からの食生活を快適にサポートします。

栄養を逃さず調理します

レンジ庫内＋ラップの半密室の状態で、食材に含まれる水分を利用して温めるため、栄養が抜けにくくなります。

焦がす心配がありません

火加減が不要だから、レシピの調理時間を守れば、火を通しすぎたり、焦がしたりする心配がありません。

しっとり柔らかく仕上がります

ラップをして調理するので水分がとびにくく、しっとりジューシーに仕上がります。電子レンジにかけたあとに粗熱を取ったり冷ましたりする間も、基本はラップをしたままで（素材によって例外もあります）。

少量の油で
ヘルシーに

加熱のための油は使わないのでヘルシー。油の使用は風味づけや全体をまとめる程度なので、少量で十分です。

失敗なく
上手にできます

材料の分量と調理時間を守れば、誰でも上手にできます。ただし、調理時間は電子レンジの機種によって多少差が出るので、様子を見てください。

ほったらかしでも
安心

火を使わないので、つきっきりでなくても安心。レンチン中はほったらかしにできるので、ほかのことができます。

後片づけがラク

余計な調理道具を使わないので洗い物が少なく、後片づけがラクです。

電子レンジの不得意

この本には苦手分野の料理はあえて載せていませんが、知っておくと役に立ちます。

- 揚げ物や焼き物のサクサク、カラッとした仕上がりは苦手です。
- 焦げにくい半面、香ばしい焼き色をつけるのは諦めましょう。
- ラップをすると水分は抜けにくく、ラップをしないと食材が堅くなってしまいます。
- シチューや角煮のような、肉をトロトロに仕上げる煮込み料理は苦手。たとえ長時間電子レンジにかけても、鍋と同じにはなりません。

電子レンジのルール

まずは取扱説明書

電子レンジは、メーカーの取扱説明書などをよくお読みのうえ、正しくお使いください。

ワット数と調理時間

この本で表示した調理時間は600Wのものです。500Wの場合は約1.2倍、700Wの場合は約0.8倍の調理時間にしてください。

調理道具

電子レンジにかける調理道具は、耐熱ボウル、耐熱皿、耐熱容器など、必ず電子レンジ対応の耐熱のものをお使いください。

使用禁止の調理道具

金属、および金属製の部分がある容器や非耐熱性ガラスの容器、漆器、耐熱温度が140°C未満の樹脂製容器、木・竹・紙製品などを使うと故障や事故の原因になる場合がありますのでご注意ください。

電子レンジ対応のもので

ラップやオーブン用の紙は電子レンジ対応の耐熱のもので、使用説明書に記載の耐熱温度などをご確認のうえ、正しくお使いください。

ラップはふんわりと

ラップは皿や食材にピッタリではなく、ふんわりとかけるのが基本です。

破裂防止

電子レンジにかける間に破裂する可能性がある食材は、ようじなどで複数か所の穴をあけたり、包丁で切り目を入れたりして、水蒸気を逃がす道をつくりましょう。

様子を見て時間を加減

電子レンジの機種によって仕上がりの時間に差が出ます。各レシピの表示時間で足りなければ、さらに30秒間ずつ様子を見ながらかけてください。

やけどと突沸に注意

電子レンジから取り出すときは熱いので、やけどに気をつけてください。また、液体は電子レンジにかけ終わったあと、しばらく動かさずにレンジ庫内に置いて、突沸（突然の沸騰）*を防ぎます。

苦みやアクも考慮する

レンジ調理は、栄養が抜けにくい半面、苦みやアクは残ります。このことを前提にして食材を選び、味つけを考えましょう。

食材の水分を生かす

電子レンジは食材から水分が出る調理だということを踏まえて、味つけや食材の組み合わせを考えましょう。この水分を生かして調理すると、食材のうまみや栄養を余すところなくいただけます。

＊ 沸点を超えても沸騰しない液体が、容器を揺するなどのわずかな衝撃で、突発的に爆発するように沸騰すること。

第１章

肉も魚介もしっとり！
お手軽メイン料理

ずっと元気で若々しくいるために、
たんぱく質は日々コツコツと、しっかりとりたいですね。
電子レンジなら肉や魚介を
短時間でしっとり仕上げられるので、
鍋やフライパンよりラクにスピードアップできます。
ただし、くせを抑えたり、乾燥を防いだりと、
おいしくする工夫は必要です。

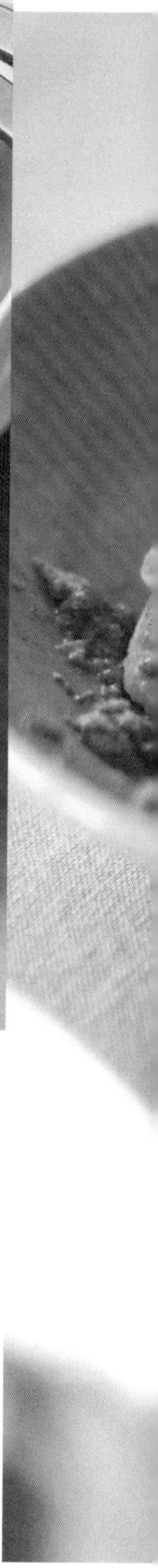

しっとりタンドリー風チキン

調理時間10分　1人分210kcal

鶏むね肉はパサつきやすいのが難点ですが、
コツさえつかめば、電子レンジでしっとり仕上がります。
全体にフォークを刺して熱の通りをよくし、
余分な水分を逃がさないのがポイント。
ボソッと堅くなりがちなタンドリーチキンも、
このレシピなら、冷めたあとも柔らかさをキープ！
たれの水分をとばしてソテー風に近づけます。

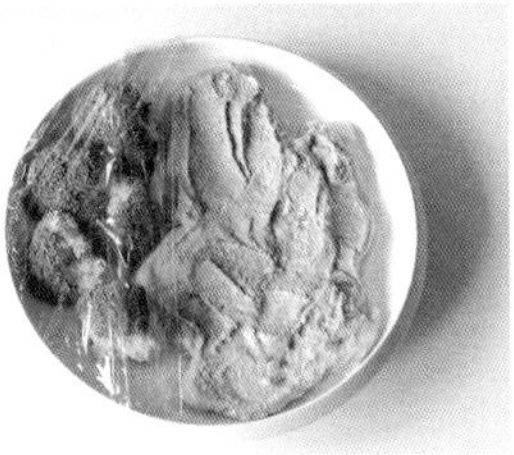

鶏肉にはラップをせずに水分をとばして、たれの表面を乾かします。

材料（2人分）

鶏むね肉 … 1枚（300g）

A
- プレーンヨーグルト（無糖） … 大さじ3
- 粉チーズ … 大さじ2
- カレー粉 … 大さじ1

ブロッコリー（小房に分ける） … 4切れ（100g）

レモン汁 … 適宜

◎塩

1 鶏肉は皮を除き、両面の全体にフォークで穴をあけ、5〜6等分のそぎ切りにする。耐熱皿に並べ、塩小さじ½をふる。

2 Aを混ぜ合わせ、スプーンで**1**の上面に塗る。脇にブロッコリーをのせ、塩小さじ¼をふる。

3 ブロッコリーにだけふんわりとラップをする（写真）。電子レンジ（600W）に5分30秒間かけ、ラップをしたまま30秒間おく。好みで鶏肉にレモン汁をかける。

材料（2人分）
鶏むね肉 … 1枚（300g）
A
- 酒 … 小さじ2
- 酢 … 小さじ1
- 塩 … 小さじ¼

ベビーリーフ … 適宜
B
- マヨネーズ・フレンチマスタード … 各適量

◎オリーブ油

サラダチキン

調理時間10分（冷ます時間は除く）　1人分220kcal

人気のサラダチキンこそ、電子レンジの出番です。
シンプルな調味料だけでできるので、手軽で安心！
たったの5分レンチンして冷ますだけで、
うっとりするほど、なめらかな口当たりに。
しっとりさせるコツは、オイルコーティング！
レンジ調理はにおいがこもるので、酢でくさみを抑えます。

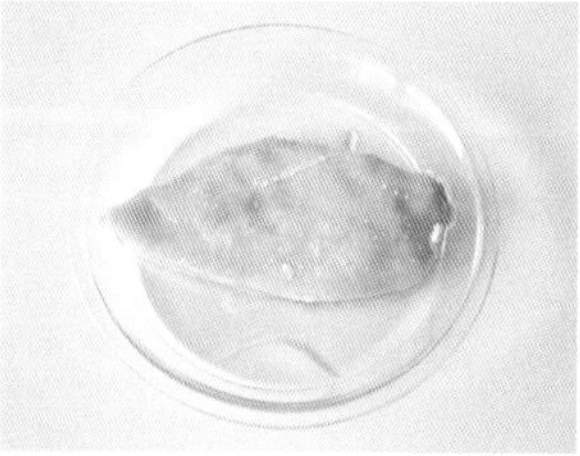

オイルでコーティングして電子レンジにかけ、パサつきをブロックします。

1 鶏肉は皮を除き、両面の全体にフォークでまんべんなく穴をあける。耐熱皿にのせ、Aを加えてもみ込む。オリーブ油小さじ1を回しかける（写真）。ふんわりとラップをして電子レンジ（600W）に5分間かけ、ラップをしたまま冷ます。

2 食べやすい大きさに切って器に盛り、好みでベビーリーフを添える。Bをつけて食べる。

保存
清潔な保存容器に入れて冷蔵庫で約3日間。

鶏むね肉といんげんのピリ辛トマトだれ

調理時間12分　1人分130kcal

鶏むね肉はたれがよくからむように、
下味に片栗粉を入れてもみ込みます。
やさしいとろみがつき、
ツルンとのどごしのよい口当たりに。
さやいんげんは、好みの野菜にかえても。
スナップえんどうや、細切りピーマンでもイケますよ。

材料（2人分）

鶏むね肉 … ½枚（150g）

A
- 片栗粉 … 小さじ2
- 酒 … 小さじ1
- 塩 … 小さじ¼

トマト …（小）1コ（100g）

さやいんげん … 8本（80g）

B
- めんつゆ（2倍濃縮）… 大さじ2
- 酢 … 大さじ1
- コチュジャン … 小さじ2

1 トマトはヘタを取って1.5cm角に切る。さやいんげんは筋があれば除き、4等分の斜め切りにする。

2 鶏肉は皮を除き、1cm厚さに切って耐熱ボウルに入れ、Aを加えてもみ込む。**1**を順に重ね、Bを混ぜ合わせて回しかける。

3 **2**にふんわりとラップをして電子レンジ（600W）に6分30秒間かけ、ラップをしたまま30秒間おく。全体をざっと混ぜる。

鶏むねの梅肉じゃが

調理時間15分　1人分160kcal

鶏肉はしっとり柔らか、じゃがいもはホックリ！
淡泊な鶏むね肉に梅干しの酸味が加わって、
さっぱりとした味わいの肉じゃがです。
うまみのある梅干しの種も一緒にレンチン！
じゃがいものかわりに、さつまいもやかぼちゃでアレンジしても。

材料（2人分）

鶏むね肉 … ½枚（150g）
じゃがいも … （小）2コ（200g）
たまねぎ … ½コ（100g）
ししとうがらし … 4本（20g）
梅干し（塩分10%） … 2コ
A｜みりん … 大さじ1
　｜塩 … 小さじ½
◎酒

1 じゃがいもは半分に切り、断面を下にして耐熱ボウルに入れる。たまねぎは5mm幅のくし形に切る。ししとうがらしはヘタの先端を除き、切り目を数か所入れる。

2 鶏肉は皮を除き、両面の全体にフォークで穴をあけ、繊維を断つようにそぎ切りにして一口大に切り、酒小さじ2をもみ込む。

3 **1**のボウルに、たまねぎ、鶏肉、ししとうがらしを順にのせる。梅干しを7〜8つにちぎって散らし、種ものせる。

4 **3**にAを加え、ふんわりとラップをして電子レンジ（600W）に8分間かける。ラップをしたまま1分間ほどおき、種を除いて全体をざっと混ぜる。

もやしと赤ピーマンの
ロールポーク

調理時間15分　1人分250kcal

外側の肉は柔らかく、中の野菜はシャキシャキ！
肉が焦げたり、野菜が堅かったりと、
いいあんばいに火を通すのが難しい肉巻きが、
レンジ調理なら同時にベストな状態に仕上がります。
スイートチリソース＆しょうゆで、
ご飯に合う甘辛の照り焼き風に。

材料（2人分）

豚肩ロース肉（しゃぶしゃぶ用）
　… 12枚（180g）
もやし … ½袋（100g）
赤ピーマン … 2コ（80g）
A｜スイートチリソース … 大さじ1
　｜しょうゆ … 大さじ1
◎塩

1　赤ピーマンは縦半分に切ってヘタと種を取り、縦に7mm幅に切る。豚肉2枚を少し重ねて縦長に置き、塩少々をふる。もやし・赤ピーマン各⅙量を手前にのせて巻く。残りも同様にして計6コつくる。

2　**1**の巻き終わりを下にして耐熱皿に並べる。ふんわりとラップをして電子レンジ（600W）に4分30秒間かけ、ラップをしたまま2分間おく。器に盛り、Aを混ぜてかける。

鶏ハムのズッキーニ巻き

調理時間15分（冷ます時間は除く）　全量300kcal

手間のかかる鶏ハムも、電子レンジならお手軽です。
蒸し器や低温調理器に頼らなくても、おいしく楽しめます。
鶏肉は、厚みを薄く開いて短時間で仕上げるのがコツ。
ズッキーニのかわりに、
梅肉や粒マスタードを塗って巻くのもおすすめです。

材料（つくりやすい分量）
鶏むね肉 … 1枚（300g）
ズッキーニ … ½本（100g）
◎塩／こしょう

1 ズッキーニは7mm角の棒状に切る。鶏肉は皮を除いて厚みを2等分に切り、それぞれ厚みを半分に開く（写真）。両面の全体にフォークで穴をあけ、塩小さじ½、こしょう少々をふる。

2 オーブン用の紙に鶏肉1切れを置き、ズッキーニの半量をのせて鶏肉で巻き、紙で包んで両側をねじる。残りも同様にする。巻き終わりを下にして耐熱容器に並べ、破裂防止に紙の上からようじを数か所刺す。

3 2の容器にふんわりとラップをし、電子レンジ（600W）に7分間かける。ラップをしたまま冷まして取り出し、食べやすい大きさに切る。

保存
オーブン用の紙で包んだまま、清潔な保存容器に入れて冷蔵庫で約2日間。

短時間で均一に熱を通すため、厚みは¼まで開きます。

材料（つくりやすい分量）
生ざけ（切り身）
… 2切れ（180～200g）
◎塩／酢

1 さけは塩小さじ½をふって5分間おき、サッと洗って水けを拭く。目立つ骨があれば除く。

2 耐熱皿に酢小さじ½を塗り、**1**を皮側を下にして並べ、上面に数か所切り目を入れる。耐熱皿の左右をあけてふんわりとラップをし（写真）、電子レンジ（600W）に4分間かける。ラップをしたまま人肌程度に冷まし、皮と骨を除いて細かくほぐす。

保存
清潔な保存瓶に入れて冷蔵庫で約3日間。

さけフレーク

調理時間10分（塩をふっておく時間、冷ます時間は除く）　全量200kcal

電子レンジは、魚介メニューも難なくこなします。
ご飯のお供の定番、さけフレークもしっとりフワフワに。
レンジ調理はにおいがこもりやすいので、
ラップの左右をあけて、くさみを逃がすのがコツ。
耐熱皿に塗った酢で、すっきりして食べやすくなります。

ラップは左右をあけて、くさみが抜ける道をつくります。

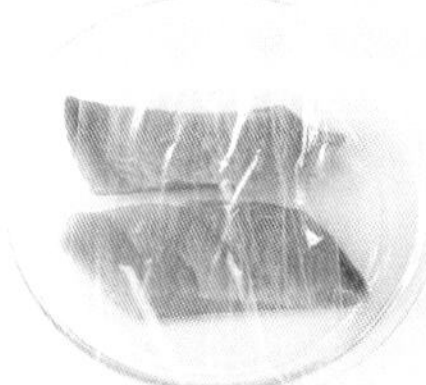

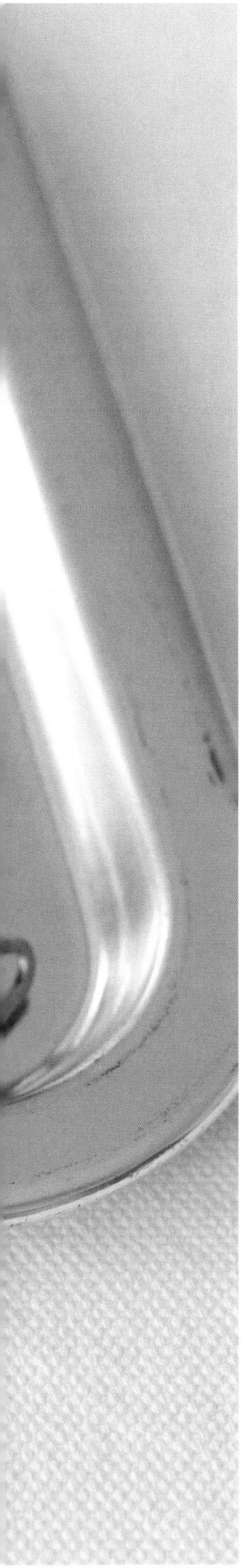

さけフレークで！

さけのリエット風

調理時間5分（冷ます時間、冷やす時間は除く）

1人分120kcal

さけフレークにバターを加えると
洋風のディップに。
クラッカーにのせて、ワインのお供にも。

材料（2人分）

さけフレーク（P.18参照）
…半量（約70g）
◎バター

1 さけフレークは細かくほぐし、耐熱ボウルに入れる。バター大さじ1⅔（20g）を1cm角に切って加え、ふんわりとラップをして電子レンジ（600W）に3分間かける。温かいうちによく混ぜる。

2 器に盛って冷まし、冷蔵庫で冷やす。

材料（2人分）
生ざけ（切り身）… 2切れ（180～200g）
白菜 … 4枚（150g）
A｜しょうゆ・酢・砂糖 … 各大さじ1
　｜七味とうがらし … 小さじ¼*
◎塩
*好みで加減する。

1 さけは塩小さじ½をふり、5分間おく。出てきた水分をサッと洗い流して水けを拭き、1切れを半分に切る。

2 1を皮側を下にして耐熱皿に並べ、上面に数か所切り目を入れる。白菜は食べやすい大きさにちぎり、さけの横に広げてのせる。Aをよく混ぜ合わせ、さけと白菜に回しかける。

3 ふんわりとラップをし、電子レンジ（600W）に4分30秒間かける。ラップをしたまま粗熱を取り、さけと白菜に汁をからめながら器に盛る。

さけと白菜の南蛮蒸し

調理時間10分（塩をふっておく時間、粗熱を取る時間は除く）　1人分150kcal

1回のレンチンで主菜も副菜も完成！
さけと白菜は重ねずに、横に並べて電子レンジにかけます。
さけは塩をふって余分な水分を出して洗い流し、くせを抑えるのがポイント。
白菜は葉と軸の食感の違いを楽しめます。

オイルサーディン

調理時間10分（粗熱を取る時間、冷ます時間は除く）　**1人分240kcal**

数あるレシピの中でも、ぜひつくってほしいのが、これ！
鍋より加熱時間がずっと短く、油の量もうんと少ない。
しかも、びっくりするほどなめらかで、
極上の味わいが楽しめます。
いわしはまず酢水でくせを抑えてから、
香味野菜とオイル蒸しに。
セロリの清涼感で食べやすいので、
青背の魚が苦手な人にもおすすめですよ。

いわしはセロリでくせが和らぎ、セロリはいわしのうまみを吸っておいしくなります。

材料（2人分）

いわし
（頭と内臓を除いたもの）
… 2匹（正味100g）

A
- 水 … カップ1
- 酢 … 大さじ1
- 塩 … 小さじ½

セロリ* … ½本（80g）
ピンクペッパー … 適宜
レモン（くし形に切る）
… 適量
◎オリーブ油／酢／塩

*たまねぎや新しょうがで代用できる。

1 セロリは葉と軸に分け、軸は筋を除いて斜め薄切りにする。いわしは洗って水けを拭き、目立たないところに数か所、ようじで穴をあける。

2 耐熱ボウルにいわしを並べてAを加える。耐熱ボウルの左右をあけてふんわりとラップをし、電子レンジ（600W）に2分間かける。そのままレンジ庫内に30秒間ほどおき（突沸防止）、取り出す。ラップを外し、いわしのくせをとばしながら粗熱を取る。いわしを取り出して汁けを丁寧に拭く。

3 耐熱ボウルをきれいにし、セロリの軸と葉の半量を敷き、いわしを並べる。残りのセロリをのせてオリーブ油大さじ5を回しかけ、酢・塩各小さじ½をふる（写真）。ふんわりとラップをして電子レンジに3分30秒間かけ、ラップをしたまま冷ます。

4 器に盛り、好みでピンクペッパーを散らし、レモンを添える。

保存

油ごと清潔な保存容器に入れ、冷蔵庫で約5日間。

※すぐに食べられるが、3〜4日間たつと身が締まり、さらにおいしくなる。

かきのコンフィ

調理時間10分（冷ます時間は除く）　全量760kcal

かきはプリッとふっくら。濃厚なうまみがしっかりと楽しめます。
フレンチの定番「コンフィ」は、電子レンジの得意メニュー。
本来はたっぷりの油でじっくり煮ますが、
電子レンジなら少なめの油でほんの数分！
短時間でもコクがつき、ごちそう感があるので、おもてなしにも重宝します。
まぐろやさけなど、ほかの魚介でも応用が利きますよ。

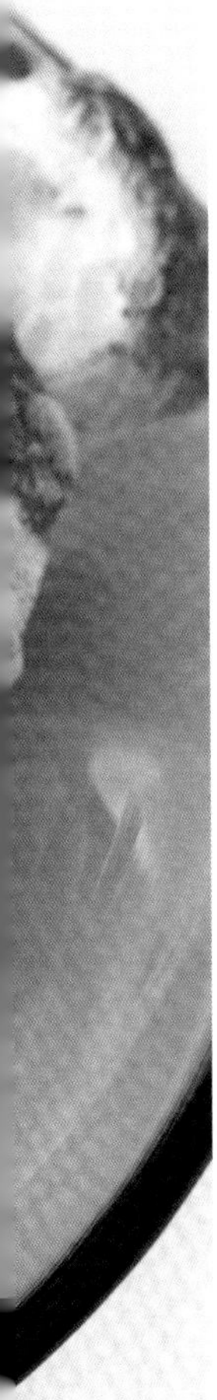

材料（つくりやすい分量）

かき（むき身／加熱用）
…10コ（250g）

A
- 片栗粉 … 小さじ2
- 塩 … 小さじ½

B
- オリーブ油 … 大さじ5
- 酢 … 小さじ2
- 塩 … 小さじ½
- セロリの軸* … 1本分（100g）
- 赤とうがらし … 1本
- レモン（薄い半月形に切る）…2枚

◎黒こしょう（粗びき）

*たまねぎや新しょうがで代用できる。

セロリと魚介はレンジ調理の鉄板コンビ。相乗効果でおいしさアップ！

1 セロリの軸は筋を除き、2～3mm厚さに斜めに切る。

2 ボウルにかきを入れてAをふり、やさしくもみ洗いをして流水で洗い、水けを拭く。破裂防止に包丁で浅い切り目を2か所ほど斜めに入れる。

3 耐熱ボウルに**2**とBを入れ（写真）、ふんわりとラップをして電子レンジ（600W）に4分30秒間かける。ラップをしたまま冷ます。食べるときに、好みで黒こしょう適宜をふる。

保存

油ごと清潔な保存容器に入れ、冷蔵庫で約4日間。

※すぐに食べられるが、半日ほどたつと味がなじみ、さらにおいしくなる。

豚みそ

調理時間10分　全量430kcal

鍋だとつきっきりで混ぜ続けなければならない肉みそ類も、
電子レンジに入れてほったらかしで、しっとりなめらかに仕上がります。
ひき肉は耐熱ボウルの側面に、土手のようにはりつけるのがポイント。
とってもおすすめなので、調味料、ひき肉の種類を変えて、アレンジも楽しみましょう!!

材料（つくりやすい分量）

A
- 豚ひき肉 … 150g
- 砂糖・すりごま（白）… 各大さじ1
- みそ … 小さじ2
- 片栗粉 … 小さじ1
- しょうが（すりおろす）… 1かけ分

細ねぎ（小口切り）… 3本分（15g）

ひき肉は土手のように薄く広げることで、早く均一に熱が通ります。

1 耐熱ボウルにAを入れてスプーンでよく混ぜ（粘りは出さなくてよい）、ボウルの側面全体に土手のように均一にはりつける。真ん中に細ねぎをこんもりと置く（写真）。

2 **1**にふんわりとラップをし、電子レンジ（600W）に4分30秒間かける。熱いうちに土手をくずし、スプーンで全体を細かく切るようによく混ぜる。

ミートソース

調理時間10分　**全量380kcal**

パスタのミートソースも簡単！
電子レンジにかけた直後は汁だくですが、
粗熱を取る間に肉が汁けを吸って、味わい深くなります。
たまねぎのかわりにらっきょうの甘酢漬けを入れて、うまみもスピードもアップ！

材料（つくりやすい分量）

A
- 豚ひき肉 … 150g
- トマトケチャップ … 大さじ1
- しょうゆ・塩 … 各小さじ½

ミニトマト … 6コ（90g）
らっきょうの甘酢漬け … 3コ

1 ミニトマトはヘタを取り、四つ割りにしてから横半分に切る。らっきょうの甘酢漬けは粗みじんに切る。

2 「豚みそ」（P.24参照）の**1**の細ねぎをミニトマトとらっきょうの甘酢漬けにかえ、ほかは「豚みそ」と同様につくる。

鶏そぼろ

調理時間10分　**全量330kcal**

定番の鶏そぼろも、豚みそと同じ要領で。
ひき肉だけでシンプルに仕上げます。

材料（つくりやすい分量）

A
- 鶏ひき肉 … 150g
- 砂糖・みそ・片栗粉 … 各小さじ2
- しょうゆ … 小さじ1

「豚みそ」（P.24参照）の**1**で細ねぎを入れず、**2**で電子レンジにかける時間を4分間にし、ほかは「豚みそ」と同様につくる。

保存（3品共通）

冷まして清潔な保存容器に入れて冷蔵庫で約3日間、冷凍用保存袋に入れて冷凍庫で約2週間。

ピリ辛肉みそ

調理時間10分　全量450kcal

ピリッと辛みを効かせた中華風の肉みそです。
青とうがらしは香りを生かすため、
レンチン後に混ぜます。
あえ麺や冷やし中華など、
麺のトッピングにおすすめ。

材料（つくりやすい分量）

A
- 豚ひき肉 … 150g
- オイスターソース・ごま油・片栗粉 … 各小さじ2

B
- ねぎ（みじん切り） … ½本分
- しょうが（みじん切り） … ½かけ分

青とうがらし（生） … 1本*

*量は好みで加減する。

1 青とうがらしはヘタを取って縦半分に切り、種を除いて小口切りにする。

2 「豚みそ」（P.24参照）の**1**の細ねぎをBにかえ、ほかは同様につくる。熱いうちに青とうがらしを加えて混ぜる。

保存
冷まして清潔な保存容器に入れて冷蔵庫で約3日間、冷凍用保存袋に入れて冷凍庫で約2週間。

材料（1人分）
ピリ辛肉みそ（**P.26参照**）… 50g
中華麺（蒸し／焼きそば用）… 150g
A ｜ 豆乳（無調整）… カップ¾
　｜ めんつゆ（2倍濃縮）… 大さじ3
パクチー … 適量
すりごま（白）… 大さじ1
ラー油 …適量

1　中華麺はざるにのせて熱湯をかけ、ざっとほぐして耐熱の器に入れる。Aを注ぎ、ピリ辛肉みそをのせる。ふんわりとラップをして電子レンジ（600W）に3分30秒間かける。そのままレンジ庫内に30秒間ほどおく（突沸防止）。

2　パクチーを食べやすく切って**1**にのせ、すりごまをふってラー油をかける。

ピリ辛肉みそで！

ごまたっぷりタンタン麺

調理時間7分　1人分490kcal

電子レンジで、本格的なタンタン麺が楽しめます。中華麺は生麺ではなく、焼きそば用を使うので、火を使わなくてすみますよ。

にらミント肉みそ

調理時間10分　全量350kcal

魚醤《しょう》のうまみと野菜の香りを効かせた、アジアンテイストの肉みそです。
台湾で食べた料理をアレンジしました。
ご飯や麺はもちろん、サンドイッチにも合いますよ。

材料（つくりやすい分量）

A
- 豚ひき肉 … 150g
- ナムプラー … 大さじ1
- 砂糖 … 小さじ2

にら … 5本（20g）
ミント（生） … 1つかみ（8g）
◎こしょう

1 にらは小口切りにする。ミントは粗みじんに切る。

2 「豚みそ」（P.24参照）の**1**の細ねぎをにらとミントにかえ、ほかは同様につくる。熱いうちにこしょう小さじ¼弱を加えて混ぜる。

保存

冷まして清潔な保存容器に入れて冷蔵庫で約3日間、冷凍用保存袋に入れて冷凍庫で約2週間。

にらミント肉みそで!

ガパオライス

調理時間10分　1人分650kcal

ご飯にのっけるだけで、ガパオ風が楽しめます。
生野菜と目玉焼き、バターピーナツを加えると完璧!

材料(1人分)

にらミント肉みそ(P.28参照) … 50g
ご飯(温かいもの) … 180g
卵 … 1コ
トマト … ¼コ(30g)
バターピーナツ(市販) … 20g
バジル(生) … 適宜
レモン(くし形に切る) … 適宜
◎油

1 トマトはヘタを取り、半分のくし形に切る。バターピーナツはポリ袋に入れてすりこ木などでたたいて粗く砕く。フライパンに油小さじ2を中火で熱し、卵を割り入れて目玉焼きをつくる。

2 耐熱皿にご飯を広げ、にらミント肉みそをのせる。ふんわりとラップをして電子レンジ(600W)に2分間ほどかける。目玉焼きをのせ、トマト、好みでバジルを添え、レモンを搾って、バターピーナツを散らす。

煮込み風ハンバーグ

調理時間15分（粗熱を取る時間は除く）　1人分300kcal

肉みそ以外のひき肉レシピも、電子レンジで手軽に楽しめます。
なかでも煮込み風ハンバーグは秀逸！
ふっくらと蒸し上げたハンバーグにソースをかけてレンチンすれば、
じっくり煮込んだような味わいに。
お店のハンバーグにも負けない完成度です。

材料（2人分）

A
- 合いびき肉 … 200g
- 蒸したまねぎ（下記参照）… 全量
- パン粉・プレーンヨーグルト（無糖）… 各大さじ1
- 塩 … 小さじ¼

ミニトマト（ヘタを取って半分に切る）… （小）12〜13コ分（120g）

ソース
- トマトケチャップ・中濃ソース（または豚カツソース）… 各大さじ1
- しょうゆ … 小さじ2

ラップの左右をあけてレンチンし、焼いた感じを出したハンバーグ。少しおいて落ち着かせます。

1 Aを混ぜ合わせ、半量ずつハンバーグの形に成形して耐熱皿に並べる（電子レンジにかけると縮むので、くっついてもよい）。

2 耐熱皿の左右を少しあけてふんわりとラップをし、電子レンジ（600W）に8分間かける。ラップをしたまま粗熱を取る（写真）。

3 **2**にミニトマトを散らし、ソースの材料を混ぜ合わせてかける。再び耐熱皿の左右を少しあけてふんわりとラップをし、電子レンジに2分30秒間かける。

蒸したまねぎ

レンジ蒸しにして甘みを引き出し、炒めたまねぎのかわりに使います。

材料（つくりやすい分量）とつくり方

1 たまねぎ½コ（100g）は薄切りにし、耐熱ボウルに入れる。酢小さじ½、塩小さじ¼をもみ込む。

2 耐熱ボウルの左右を少しあけてラップをし、電子レンジ（600W）に1分30秒間かける。ラップを外し、たまねぎのくせをとばしながら冷ます。

保存

清潔な保存容器に入れて冷蔵庫で約3日間、冷凍用保存袋に入れて冷凍庫で約2週間。

円盤つくね

調理時間10分（粗熱を取る時間は除く）　1人分200kcal

つくねは円盤のように大きく平たく成形してレンチンするので、
小分けして丸める手間がかからず、均一に早く熱が入ります。
粗くつぶした長芋のサクサクとした食感が、やさしいアクセントに。
ご飯によく合う、わが家の定番おかずです。

材料（2〜3人分）

A
- 鶏ひき肉（もも）… 200g
- みそ・片栗粉 … 各大さじ1

長芋 … 100g
貝割れ菜 … 適量
大根（すりおろす）… 適量
温泉卵（市販／または下記参照）… 1コ

B
- しょうゆ・酢 … 各小さじ2
- 砂糖 … 小さじ1

ラップの左右をあけ、焼いた感じを出します。

1 長芋は3〜4等分に切ってポリ袋に入れ、すりこ木などでたたき、1cm角くらいの大きさにつぶす。ボウルに入れ、Aを加えてスプーンでよく混ぜ合わせる。

2 耐熱皿に**1**を円盤状に広げる。耐熱皿の左右を少しあけてふんわりとラップをし（写真）、電子レンジ（600W）に5分間かける。ラップをしたまま粗熱を取る。

3 貝割れ菜を2〜3cm長さに切って**2**にのせ、汁けを軽くきった大根おろし、温泉卵を順にのせる。Bを混ぜ合わせてかける。

温泉卵

鍋でつくると難しい温泉卵も、電子レンジなら簡単！

材料（1コ分）とつくり方

1 卵1コは小さめの耐熱容器に割り入れる。卵が完全にかぶるまで水をそっと注ぐ（卵黄が端に寄らないように）。

2 卵黄、卵白にそれぞれ4〜5か所ずつ、ようじを刺して穴をあける（写真右）。ふんわりとラップをして電子レンジ（600W）に1分30〜40秒間、卵白が白く固まるまでかける。ラップをしたまま1分間おき、温泉卵をそっと引き上げる。

レンジ庫内で破裂しないように、卵黄と卵白に穴をあけます。

RIKO's essay #1

おもてなしでも、家族会でも、
レンジ料理ってあり？

子どものころ、ドラマ「寺内貫太郎一家」が楽しみでした。
なかでも庭が見える座敷で大家族がワイワイ囲む食卓が大好き。
おかずもいろいろで、必ずお汁がある。
のちに知ったことですが、料理好きで知られる向田邦子さんの脚本。
まあ、そのテーブルがしょっちゅうひっくり返されるのはご存じの通りです。
最近、あのにぎやかな食卓の料理担当、
つまり母（故・加藤治子さん）に思いを馳《は》せるようになりました。
あれは今の私くらいの年かな？ 大変だよな、毎日。
私なんて、大人数となると、喜ばせたい気持ちはあるけど、
〝疲れすぎるな！ 自分〟ともうひとりの自分が言うように。
相方（夫）ファミリーで囲んだ母の日。
料理のひとつが、煮込みハンバーグでした。
これが大好評。でも私は「ごめん、これレンジでつくったの」と、
まるで不覚を詫《わ》びるかのように謝ってしまいました。
レンジは手抜き、と刷り込まれていて、お祝いの席に出すなんてナイよねー、
と思っていたのです。
すると「えー、おいしい！ 逆にすごい、教えて～」と義母や義妹。
えっ、そう？ いいの？ とレシピを伝えたら、とても喜ばれたのです。
その日は私もいつもよりラクで、みんなとワイワイ楽しめました。
これでいいのかー！
そのレシピが、30ページの「煮込み風ハンバーグ」です。
フレッシュトマトが、焼くより煮るより軽やかで、
レンジのよき仕事ぶりに、ついつい自画自賛しちゃう、一品です。

第２章

食べたいものを食べたいときに！少量だからおいしい主食

若いころに比べて食べられる量が少なくなってくると、
大量につくって同じものを何度も食べるより、
毎日少しずつ、いろいろなものを楽しみたいですよね。
電子レンジは少量でもおいしくできるので、
カレーなど鍋では少量が難しい料理でこそ活躍します。
麺料理もワンボウルでおいしくできて、
後片づけもラクですよ。

たらこレモンバターパスタ

調理時間15分　1人分400kcal

電子レンジでゆでるパスタはモチモチで、
やさしいアルデンテ感が楽しめます。
ゆでたら混ぜて、少しおいてパスタに水分を吸わせます。
一度に大量にゆでず、1人分ずつつくることが成功の秘けつです。
もうこれからは大きな鍋も、たっぷりの湯を沸かす必要もなし。
たらこは高菜やザーサイ、なめたけ、梅肉にかえてアレンジしても。
レモンの皮の苦みが気になる人は、皮をむいてください。

材料（1人分）

スパゲッティ … 80g
A｜水 … 約160mℓ
　｜塩 … 小さじ⅓
たらこ … ½腹（40g）
レモン*（輪切りにして好みで皮をむく）
　… 1枚
もみのり（または青のり粉、
　青じそのせん切り）… 適量
◎バター

*防かび剤不使用のもの。

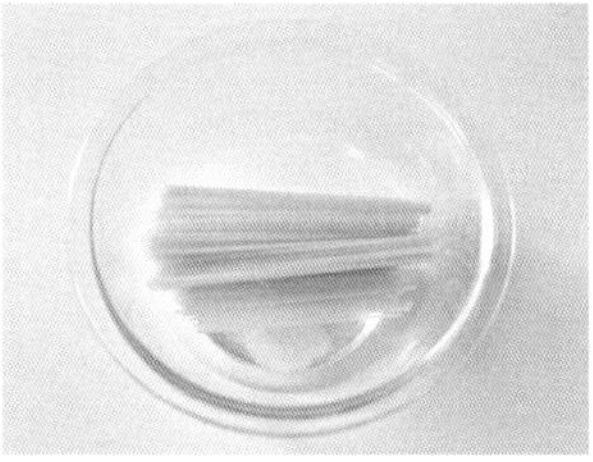

1

水の量はスパゲッティがヒタヒタにつかるくらいが目安。加減してください。

2

混ぜて少しおくと、スパゲッティが水分を吸って、程よい堅さになります。

1　スパゲッティは半分に折って耐熱ボウルに入れ、Aを加える（写真1）。ふんわりとラップをして電子レンジ（600W）に7分間かける。たらこは薄皮に切り目を入れて取り出し、ほぐす。レモンは4〜6等分に切る。

2　**1**のスパゲッティをほぐすように混ぜ、再びラップをして2分間ほどおく（写真2）。

3　**2**のスパゲッティに、たらこ、レモン、バター大さじ1弱（10g）を加え、全体をざっと混ぜ合わせる。器に盛り、もみのりを散らす。

爽やかナポリタン

調理時間15分　1人分410kcal

生のトマトの酸味を生かして甘さを抑え、
バターも油も使わない、すっきりとした大人のナポリタンです。
具材を加熱するときは、スパゲッティと一緒にレンチン。
別ゆでの手間が省けて時短になり、
スパゲッティは具材のうまみを吸っておいしくゆで上がります。

材料（1人分）

スパゲッティ … 80g
ハム（薄切り） … 2枚（40g）
ピーマン … 1コ（40g）
トマト … （小）1コ（70g）
A　水 … 約160㎖
　　塩 … 小さじ⅓
トマトケチャップ … 大さじ1
粉チーズ・パセリ（みじん切り） … 各適量

1 ピーマンは縦半分に切ってヘタと種を取り、1.5cm四方に切る。トマトはヘタを取り、1cm角に切る。ハムは1.5cm四方に切る。

2 スパゲッティは半分に折って耐熱ボウルに入れ、Aを加える。**1**をのせ、ふんわりとラップをして電子レンジ（600W）に8分間かける。熱いうちに全体をざっと混ぜる。

3 再びラップをして2分間ほどおく。スパゲッティが汁けを吸ったらトマトケチャップを加え、全体を混ぜる。器に盛り、粉チーズ、パセリをふる。

レモンクリームペンネ

調理時間15分　1人分460kcal

電子レンジはショートパスタも得意です。
ペンネはソースでゆでて、しっかり味を含ませます。
クリームソースは牛乳でつくるので、お手軽！
レンチン直後はサラッとしていますが、
少したつとトロリとしてペンネによくからむので、
生クリームでとろみを出す必要はありません。
好みで粉チーズをたっぷりかけても。

電子レンジにかけると、ペンネの小麦粉で牛乳にとろみがつきます。

材料（1人分）

ペンネ … 80g

A
- 牛乳 … カップ½
- 水 … 80mℓ
- オリーブ油 … 大さじ1
- 塩 … 小さじ¼

レモン*（輪切りにして好みで皮をむく）… 3枚

◎黒こしょう（粗びき）

*防かび剤不使用のもの。

1 耐熱ボウルにペンネを入れてAを加え（写真）、ふんわりとラップをして電子レンジ（600W）に9分間かける。

2 ラップをしたまま30秒間ほどおく。くっついたペンネを菜箸でほぐしながら全体を混ぜる。

3 レモンは1枚を4等分に切って**2**に加え、軽く混ぜる。器に盛り、黒こしょう適量をふる。

なすのキーマカレー

調理時間10分　1人分400kcal

少量つくるのが難しいカレーは、電子レンジにお任せ！
食べきれる量をササッと楽しめるだけでなく、
油と小麦粉を入れずにおいしくできるので、体にやさしくヘルシーです。
長く煮込まないので、野菜の食感や香りを生かせるのも魅力。
このキーマカレーも、淡泊ななすがひき肉に負けない存在感です。
プルーンはなくてもよいけれど、入れると味にグッと深みが出ます。

材料（2人分）

なす … 2コ（160g）
ドライプルーン（種なし）… 2コ

A
- 合いびき肉 … 100g
- しょうが（すりおろす）… 1かけ分
- しょうゆ … 大さじ1

B
- プレーンヨーグルト（無糖）… 大さじ2
- カレー粉 … 大さじ1

ご飯（温かいもの）… 茶碗《わん》2杯分
青じそ（せん切り）… 適量
◎こしょう

1 なすはヘタを取り、皮をしまむきにして1.5cm角に切る。プルーンは粗みじんに切る。

2 耐熱ボウルにAを入れてよく混ぜ、ボウルの側面の半分に、土手のように均一にはりつける。あいたところに**1**（写真）とBをのせ、**1**とB だけを軽く混ぜ合わせる。

なすに熱が入るように、ひき肉はボウルの半面にだけ土手をつくります。

3 ふんわりとラップをして電子レンジ（600W）に5分間かける。熱いうちに全体を混ぜ、こしょう少々をふる。器にご飯を盛ってカレーをかけ、青じそをのせる。

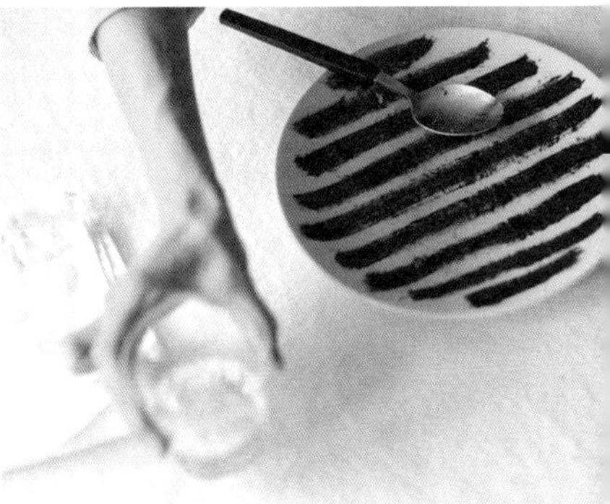

カレー粉は牛乳で溶いてから、具材に回しかけます。

とうもろこしとトマトのツナカレー

調理時間10分　1人分520kcal

手軽にうまみとボリュームが出せるツナは、
電子レンジのクイックカレーに適した素材です。
とうもろこしの甘みと食感をアクセントにした
ツナカレーは、私の友人たちにも大人気。
水は加えずにトマトと牛乳で、うまみたっぷりに仕上げます。
とうもろこしは缶詰でも。

材料（2人分）

とうもろこし … 1本（250g）
ツナ（缶詰／油漬けでも水煮でも）
… （大）1缶（140g）
ミニトマト … 10コ（150g）

A
- 牛乳 … 大さじ3
- カレー粉 … 小さじ2

B
- トマトケチャップ … 大さじ1
- しょうゆ … 小さじ1
- 塩 … 小さじ½

ご飯（温かいもの） … 茶碗《わん》2杯分
レモン（搾りやすく切る） … 適宜

1　とうもろこしは包丁で実をそぐ。ミニトマトはヘタを取って横半分に切る。ツナは缶汁を軽くきる。

2　耐熱ボウルに**1**を入れ、Aをよく混ぜ合わせて回しかける（写真）。Bを加えて混ぜ、ふんわりとラップをして電子レンジ（600W）に4分30秒間かけ、熱いうちに全体を軽く混ぜる。

3　器にご飯を盛って**2**をかけ、好みでレモンを搾る。

じゃがいもとオクラの
ツナカレー

調理時間10分　1人分480kcal

ツナを使ったカレーをもう1品紹介します。
こちらはじゃがいものサブジ風で、マイルドな味わい。
オクラの粘りで、程よいとろみがつきます。
じゃがいもはゴロゴロのままでも、煮くずれても、
どちらもおいしいので、男爵やメークインなどお好みで。

材料（2人分）

じゃがいも … 1コ（150g）
オクラ … 7本（70g）
ツナ（缶詰／油漬け）
　… （大）1缶（140g）
A ｜ 牛乳 … カップ½
　 ｜ カレー粉 … 大さじ1
ご飯（温かいもの）… 茶碗2杯分
◎塩

1 じゃがいもは8等分に切り、耐熱ボウルに入れる。オクラはぬれた手に塩1つまみをつけてこすり合わせ、水でサッと洗い、ヘタを取って小口切りにする。ツナは缶汁をきる。耐熱ボウルにオクラとツナを加える。

2 Aをよく混ぜ合わせて**1**に回し入れ、塩小さじ½をふる。ふんわりとラップをして電子レンジ（600W）に6分間かけ、熱いうちに全体を混ぜる。

3 器にご飯を盛り、**2**をかける。

水分を少なめにして、ホックリと仕上げます。

かぼちゃとトマトの豆カレー

調理時間17分（かぼちゃの粗熱を取る時間は除く）　1人分410kcal

野菜と豆だけでも満足できる、ベジカレーです。
かぼちゃと大豆はホクホクで、
甘みと酸味のバランスが抜群！
レモンを搾ると、キリッと引き締まります。
豆の水煮は好みの種類でも。

材料（2人分）

かぼちゃ … ¼コ（200g）
ミニトマト … 8コ（120g）
大豆の水煮 … 100g
A
牛乳 … 大さじ2
カレー粉 … 大さじ1
しょうゆ … 小さじ1
塩 … 小さじ½
ご飯（温かいもの） … 茶碗《わん》2杯分
レモン（搾りやすく切る） … 適宜

1 かぼちゃは水にサッとぬらし、ラップをせずに電子レンジ（600W）に2分間かけて粗熱を取る。皮を少し残してむき、2〜3等分に切る。ミニトマトはヘタを取り、横半分に切る。

2 耐熱ボウルに**1**、大豆の水煮を汁けをきって入れる。Aを混ぜ合わせて加え（写真）、ざっと混ぜる。ふんわりとラップをして電子レンジに8分間かける。熱いうちに、かぼちゃをつぶしながら全体を混ぜる。

3 器にご飯を盛って**2**をかけ、好みでレモンを搾る。

甘酒チキンカレー

調理時間15分　1人分580kcal

甘じょっぱさが後を引く、
どこか懐かしい味わいの和風カレーです。
甘酒＆みその発酵風味で、クイックカレーとは思えない熟成感。
仕上げにこしょうをふって辛みを足しても。

材料（2人分）

鶏もも肉（から揚げ用）… 8切れ（200g）

A
- 酒…小さじ2
- 塩…小さじ⅓

たまねぎ … ½コ（100g）

ピーマン … 1コ（40g）

B
- 甘酒（米こうじでつくったもの／ストレートタイプ）… カップ1
- みそ・トマトケチャップ … 各大さじ2
- カレー粉 … 大さじ1
- しょうが（すりおろす）… 1かけ分

ご飯（温かいもの）… 茶碗2杯分

1 たまねぎは縦に1cm幅に切る。ピーマンは縦半分に切ってヘタと種を取り、縦に細切りにする。鶏肉はフォークで数か所穴をあけ、Aをもみ込む。

2 耐熱ボウルにBを入れて混ぜ合わせ、**1**を加える。ふんわりとラップをして電子レンジ（600W）に8分間かける。そのままレンジ庫内に1～2分間おく（突沸防止）。

3 器にご飯を盛り、**2**をかける。

ポークトマトハヤシライス

調理時間15分　1人分580kcal

トマトの酸味でさっぱりとしたハヤシライス。
煮込んだデミグラスソースとはまた違った魅力の味わいです。
50歳からは、このくらい軽めの味のほうがうれしいですよね。
仕上げにバターで、ほんのりコクをプラスします。

材料（2人分）

豚こま切れ肉 … 150g
トマト … （小）1コ（100g）
たまねぎ … ½コ（100g）
A
　ウスターソース（または中濃ソース）・
　　牛乳 … 各大さじ2
　トマトケチャップ・みりん … 各大さじ1
　片栗粉 … 小さじ2
　塩 … 小さじ⅓
ご飯（温かいもの） … 茶碗《わん》2杯分
パセリ（みじん切り） … 適宜
◎小麦粉／バター

1

皮付きのままヘタを持ってすりおろすと、皮とヘタだけ残ります。

2

中央を少しくぼませておくと、均一に熱が入ります。

1 トマトはすりおろし（写真1）、ヘタと皮を除く。たまねぎは薄いくし形に切る。豚肉は大きければ食べやすい大きさに切り、小麦粉大さじ1をまぶす。

2 耐熱ボウルにトマトとAを入れてよく混ぜ合わせ、たまねぎを広げてのせる。豚肉を広げてたまねぎを覆うように重ね、中央を少しくぼませる（写真2）。

3 **2**にふんわりとラップをし、電子レンジ（600W）に7分30秒間かける。そのままレンジ庫内に30秒間おき、バター大さじ1弱（10g）を加えて全体をざっと混ぜ合わせる。

4 器にご飯を盛って好みでパセリをふり、**3**をかける。

親子丼

調理時間10分（粗熱を取る時間は除く）　1人分540kcal

親子丼の醍醐《だいご》味といえば、卵のふんわりトロトロ感ですよね。
鶏肉は先にしっかりと熱を通しておき、卵は後入れして再びレンチン。
完全には熱を入れずに取り出し、ざっと混ぜて加熱のムラをあえて生かします。
まるで専用の親子鍋でつくったかのように、卵は完璧！
たまねぎは塩もみし、短時間でしんなりさせて甘みを出します。

材料（2人分）

鶏もも肉（から揚げ用）… 8切れ（200g）
たまねぎ … ½コ（100g）
A | しょうゆ・砂糖・酒 … 各大さじ1
B | 卵 … 2コ
　| 水 … 小さじ2
ご飯（温かいもの）… 茶碗《わん》2杯分
七味とうがらし … 適宜
◎塩

卵に水を加えると、口当たりが柔らかくなります。

1　たまねぎは縦に薄切りにして耐熱ボウルに入れ、塩小さじ¼をもみ込む。しんなりしたら鶏肉とAを加え、全体を混ぜ合わせる。ふんわりとラップをして電子レンジ（600W）に4分30秒間かけ、ラップをしたまま粗熱を取る。

2　Bを溶き混ぜて**1**に流し入れ（写真）、混ぜずにふんわりとラップをして電子レンジに1分30秒間かけ、ラップをしたまま粗熱を取る。

3　器にご飯を盛り、**2**をザックリと混ぜてのせる。好みで七味とうがらしをふる。

豚肉とブロッコリーの卵ぶっかけうどん

調理時間10分　1人分450kcal

うどん、具材、つゆを一気にレンチンするので、鍋よりラク。
この1食で栄養はバッチリとれて、食べごたえも申し分ありません。
電子レンジで簡単に楽しめる、50歳からの滋養食として考えました。

材料（1人分）

ゆでうどん … 1玉（200g）
豚ロース肉（しゃぶしゃぶ用） … 60g
ブロッコリー … （小）¼コ（50g）
A｜酢 … 小さじ1
　｜塩 … 小さじ¼
卵 … 1コ
B｜めんつゆ（2倍濃縮）・水 … 各大さじ2

1 ブロッコリーは小さめの一口大に切る。豚肉は食べやすい大きさに切り、Aをもみ込む。

2 耐熱ボウルにBを入れ、ゆでうどん、ブロッコリー、豚肉を順に加える。卵を割り入れ、破裂防止のため卵だけを軽く溶きほぐす（卵黄と卵白は完全に混ざらなくてよい）。

3 ふんわりとラップをして電子レンジ（600W）に5分間かける。そのままレンジ庫内に1分間ほどおき（突沸防止）、全体を混ぜる。

豚肉と白菜のあんかけ風うどん

調理時間10分　1人分490kcal

肌寒くなると、体が温まるあんかけうどんが恋しくなりますね。
鍋でつくると少々面倒ですが、電子レンジなら耐熱ボウル1つで完成。
うどんはいちばん下にして、具材のうまみを含ませるのがコツ。
仕上げに水溶き片栗粉を加えて、あんかけ風に仕上げます。

材料（1人分）

ゆでうどん … 1玉（200g）
豚バラ肉（しゃぶしゃぶ用） … 60g
白菜 … 100g
A
- だし … カップ¾
- みりん … 小さじ2
- うす口しょうゆ … 小さじ1
- 塩 … 小さじ¼

黒ごま … 適量
◎しょうゆ／片栗粉／こしょう

水溶き片栗粉を加えて再び電子レンジにかけ、とろみをつけます。

1 白菜はザク切りにする。豚肉は食べやすい大きさに切り、しょうゆ小さじ1をもみ込む。

2 耐熱ボウルにAを入れて混ぜ合わせる。ゆでうどん、白菜、豚肉を順に加える。ふんわりとラップをして電子レンジ（600W）に4分30秒間かける。

3 片栗粉・水各大さじ1を溶き混ぜ（水溶き片栗粉）、**2**が熱いうちに回し入れて（写真）、底から混ぜ合わせる。再びふんわりとラップをして電子レンジに10秒間かける。

4 器に盛り、黒ごま、好みでこしょう少々をふる。

卵と梅干しのおじや

調理時間10分　1人分310kcal

疲れや体調の悪さで火のそばに立つのはきつい、でも空腹のままもつらい。
そういうときこそ、電子レンジを活用してほしいと思います。
具材は卵と梅干しのみ。シンプルですが、体がホッとする組み合わせ。
滋養をつけて、明日は元気になれるようにと願いを込めて。

材料（1人分）

ご飯（冷たいもの）… 茶碗《わん》1杯分
卵 … 1コ
梅干し（塩分10%）… 1コ
だし（または水）…カップ¾

1 耐熱の器にご飯とだしを入れ、梅干しを4〜5切れにちぎってのせ、種ものせる。ご飯の中央をくぼませて卵を割り入れ、卵だけを軽く溶きほぐす（卵黄と卵白は完全に混ざらなくてよい）。

2 ふんわりとラップをして電子レンジ（600W）に3分30秒間かける。そのままレンジ庫内に1〜2分間おき（突沸防止）、種を除いて全体をザックリと混ぜる。

豆乳がゆ

調理時間7分　1人分300kcal

私が大好きな台湾の定番朝ごはん「鹹豆漿（シェントウジャン）」を
電子レンジで手軽にアレンジしました。温かい豆乳に酢を入れて緩く固め、
揚げパンを浸して食べますが、ご飯でおかゆにしてもおいしい。
忙しい日の朝にササッとつくって、おなかをやさしく満たしています。

材料（1人分）

A
- ご飯（冷たいもの）… 茶碗1杯分
- 豆乳（無調整）… カップ¾
- 水 … 大さじ2
- 酢 … 小さじ1
- 塩 … 小さじ¼

ザーサイ（味つき）・白ごま・ラー油（市販または下記参照）・パクチー … 各適宜

1　耐熱の器にAを入れ、底から大きく混ぜ合わせる。ふんわりとラップをして電子レンジ（600W）に3分30秒間かける。

2　そのままレンジ庫内に1～2分間おき（突沸防止）、全体をザックリと混ぜる。器に盛り、好みでザーサイと白ごまをのせ、ラー油をかけてパクチーを散らす。

自家製ラー油

混ぜてレンチンするだけで、本格的な味わいに！

材料（つくりやすい分量）

A
- ごま油 … 大さじ2
- 油 … 大さじ1
- 豆板醤（トーバンジャン）… 小さじ2
- 白ごま … 小さじ1
- 砂糖・こしょう・塩 … 各小さじ¼
- 豆豉*（トウチ／あれば／粗く刻む）… 5粒

*黒豆や大豆を発酵させた中華の調味料。

耐熱ボウルにAを入れ、ふんわりとラップをして電子レンジ（600W）に2分間かける。そのままレンジ庫内で冷ます。

※油がはねやすいので、全体量より2倍以上の高さの耐熱ボウルを使う。

保存

清潔な保存瓶に入れて冷蔵庫で約3週間。

RIKO's essay #2

ひとり時間は、
少し長めの深呼吸

この数年、週に2回ほど、家で〝完全ひとりランチ〟をしています。
私は外でのひとりごはんが、かなり苦手です。
入ってみたいなと思っても、すごすごと家に帰り、ひとりでつくってひとりで食べる……
でもこれ、とてもいいな、と思うようになったのです。
店では、隣の人のシャツがかわいいなとか、なにを食べているのかな？とか、
周りが気になるし（私だけ？）、好みの味とも限りません。
家なら誰とも話さず、ラクな格好にすっぴんで、まるっと私の時間だよ、と。
誘惑されてもスマホと仕事と家事は禁止。ながら洗濯機もやらない。
残り物やお弁当のおかずの端っこではなく、私の好きな味のごはんを
ちゃちゃっとつくって、ゆっくり食べる。
その時よくつくるのが、野菜多めのひとり分カレーです。
煮込みができないレンジの特徴を活かして10分くらいでつくります。
材料は季節の野菜、きのこやなす、ピーマン、火入れの心配がないツナやハム、
水分としてトマトやりんごジュース、牛乳や豆乳、甘酒など。
あとはカレー粉があればOK。お通じが気になれば、きのこたっぷりとか、
オクラでとろみをつけて野菜だけとか、甘酒ベースで自然の甘さをとか、
あくまで自分好みに。慣れてくると組み合わせ無限大で、
その日の気分と相談しながら決めるのがまた楽しい。
小麦粉なし、フレッシュ感があってサラサラなのも、今の私の胃袋にぴったりです。
ボウルひとつでできて、洗い物も最少、よーし！
好きな器に盛って、いただきます。頭の中を空っぽにしてただボーッとしたり、
次の旅を妄想したり。落語を聴いたり、本を読んだりしてしばし逃避することも。
1時間足らずでも、不思議と心が凪《な》いできます。
サッと片づけて、日常に戻れば、事態は何も変わっていないのに
余裕が生まれている？ 気のせいか？ 少し長めの深呼吸のような時間です。

第３章

栄養を逃さず調理！
“もう一品”に便利な
野菜のおかず

野菜はゆでるより、レンジ調理が絶対お得。
電子レンジにかける時間をきちんと守れば、
火を通しすぎずに程よい食感を残せて、
栄養も風味も逃さず丸ごといただけます。
あと１品欲しいときにササッとできるので、
気楽に野菜不足を解消できますね。

春菊の甘辛だれ

調理時間7分(冷ます時間は除く)　1人分35kcal

春菊は全量を加熱すると色あせてしまうので、葉は半量だけレンチン。
残りの葉は後入れして余熱でしんなりさせ、色よく仕上げます。
春菊の苦みに中華風の甘辛だれがよく合い、わが家ではあっという間にペロリ!
シャキシャキの食感やフレッシュ感も残るので、
サラダ感覚で楽しめる一品です。

材料(2人分)

春菊 … 2ワ(200g)

甘辛だれ

- 砂糖・オイスターソース … 各小さじ2
- 豆板醤(トーバンジャン) … 小さじ½

1

葉の半量を残して、茎と葉を甘辛だれであえてレンチン。

2

残りの葉を加え、余熱で程よく熱を通し、なじませます。

1 春菊の茎は1cm長さに、葉は3〜4cm長さに切る。

2 耐熱ボウルに甘辛だれの材料を入れ、混ぜ合わせる。**1**の茎全量と葉の半量を加え、全体を軽くあえる(写真1)。

3 ふんわりとラップをし、電子レンジ(600W)に2分間かける。熱いうちに残りの葉を加え(写真2)、再びラップをして人肌程度に冷まし、全体を混ぜる。

小松菜と油揚げの
ごまだれ蒸し

調理時間10分（粗熱を取る時間は除く）　1人分170kcal

青菜のごまあえを、電子レンジならではの方法で進化させました。
小松菜は栄養が丸ごととれて、鍋でゆでるよりお得！
水っぽくならないので風味が濃く、歯ごたえよく仕上がります。

材料（2人分）

小松菜 … 1ワ（250g）
油揚げ … 1枚（50g）
ごまだれ
　すりごま（黒）… 大さじ2
　砂糖・みそ … 各大さじ1

1 小松菜の軸は2cm長さ、葉は3〜4cm長さに切る。油揚げは熱湯にくぐらせて油抜きし、水けを拭いて7mm幅に切る。

2 耐熱ボウルにごまだれの材料を入れ、混ぜ合わせる。**1**を加えて軽くあえる（写真）。

3 ふんわりとラップをし、電子レンジ（600W）に3分30秒間かける。ラップをしたまま粗熱を取り、全体を混ぜる。

ザックリとあえて、ごまだれを全体に行き渡らせます。

材料（2人分）

キャベツ…150g

ヤンニョムだれ

　しょうゆ…小さじ2

　コチュジャン・砂糖・酢…各小さじ1

1 キャベツは一口大にちぎり、耐熱ボウルに入れる。ヤンニョムだれの材料を加え、全体を混ぜ合わせる。

2 ふんわりとラップをして電子レンジ（600W）に3分間かける。ラップをしたまま粗熱を取り、全体を混ぜる。汁けを軽くきり、器に盛る。

ヤンニョムキャベツ

調理時間5分（粗熱を取る時間は除く）　1人分35kcal

韓国風の甘辛味で、キャベツの甘みが引き立ちます。
ヤンニョムだれはキャベツ以外の野菜にも。
混ぜてチンするだけで、たちまち、ご飯がすすむ一菜に。

蒸しなすの納豆青じそだれ

調理時間10分（冷ます時間は除く）　1人分90kcal

皆さんにぜひおすすめしたい、わが家の定番朝ごはんです。
なすは断面を下にして皮をようじで刺し、オイルコーティング。
このひと手間で、レンチン後も退色せず、鮮やかな茄子《なす》紺色に。
納豆と薬味のさっぱりだれで、なすが無限に食べられますよ。

なすは皮を上にして油を塗ると、発色がよくなります。

材料（2人分）

なす … 2コ（160g）
納豆青じそだれ
　ひきわり納豆 … 1パック（50g）
　青じそ（せん切り） … 4枚分
　みょうが（小口切り） … 1コ分（15g）
　しょうゆ … 大さじ1
　酢 … 小さじ2
◎油

1 なすはヘタを取って縦半分に切り、横に2〜3等分に切る。皮を上にして耐熱皿に並べ、皮にようじで数か所穴をあけ、油小さじ1を塗る（写真）。

2 1にふんわりとラップをし、電子レンジ（600W）に4分間かけ、ラップをしたまま冷ます。器に盛り、納豆青じそだれの材料を混ぜ合わせてかける。

ひすいなすの梅ごまだれ

調理時間10分（冷ます時間は除く）　1人分50kcal

宝石のひすいのように上品な薄緑色で、やさしい口当たり。
電子レンジなら、皮をむいたなすも手軽に色よく仕上がります。
梅の酸味が効いたごまだれで、さっぱりといただきましょう。

材料（2人分）

なす … 2コ（160g）

梅ごまだれ

- 梅干し（塩分10％）… 1コ
- しょうゆ・すりごま（白）… 各大さじ1
- 酢・砂糖 … 各小さじ2

1 なすはヘタを取って皮をむき、縦半分に切って水にサッとぬらす。断面を下にして耐熱皿に並べ、ふんわりとラップをする。電子レンジ（600W）に4分30秒間かけ、ラップをしたまま冷ます。

2 梅干しは種を除いてたたき、梅ごまだれのほかの材料と混ぜ合わせる。

3 なすを食べやすく裂いて器に盛り、**2**をかける。

味がしみやすいように、Aをもみ込んでから電子レンジにかけます。

なすときのこのピリ辛冷菜

調理時間10分（冷ます時間、冷やす時間は除く）　1人分60kcal

なすときのこを中華風の辛いたれで味つけした、
ご飯に合う一品です。ビールのおつまみにも最高！
温かいままでも食べられますが、
よく冷やしたほうが、味がしっかりなじみます。
エリンギは、しめじやほかのきのこでも。

材料（2人分）

なす … 2コ（160g）
エリンギ … 1パック（100g）
A
しょうゆ・酢 … 各大さじ1
砂糖・ごま油 … 各小さじ1
豆板醤（トーバンジャン）… 小さじ½
◎塩

1 なすはヘタを取って皮をむき、縦半分に切ってから7mm幅の斜め切りにする。エリンギは縦6等分に切る。耐熱ボウルになすとエリンギを入れ、塩1つまみをもみ込む。

2 Aを混ぜ合わせ、**1**に回しかけて軽くもみ込む（写真）。ふんわりとラップをして電子レンジ（600W）に4分間かけ、ラップをしたまま冷ます。食べる直前まで冷蔵庫で冷やす。

材料（2人分）

ゴーヤー … ½本（120g）

A
- 塩昆布 … 8g
- ごま油 … 大さじ1
- 酢 … 小さじ1

ゴーヤーの
塩昆布ナムル

調理時間5分（冷ます時間は除く）　1人分80kcal

ゴーヤーのほろ苦さを潔く味わう、大人のナムル。
シャキッとした歯切れのよさも楽しめます。
塩昆布のうまみとごま油の香りだけでも
おいしくできますが、
酢を足すことで深みが出て、
キレのいい味わいに。

1 ゴーヤーは縦半分に切ってワタと種を取り、横に薄切りにする。

2 耐熱ボウルに**1**とAを入れ、ざっと混ぜ合わせる。ふんわりとラップをして電子レンジ（600W）に2分間かけ、ラップをしたまま冷ます。

バターしょうゆコーン

調理時間10分　1人分130kcal

とうもろこしは、電子レンジに向く野菜の一つ。
プチッと食感よく、焦がすことなく甘みを引き出せます。
しょうゆで香ばしさを補い、焼いた感じをプラス。
ご飯やパスタに混ぜても。
缶詰のコーンでもおいしくできます。

材料（2人分）

とうもろこし … 1本（250g）

A
- バター … 大さじ1¼（15g）
- しょうゆ … 小さじ1

1 とうもろこしは実をそいで耐熱ボウルに入れ、Aを加える。

2 **1**にふんわりとラップをし、電子レンジ（600W）に3分間かけ、熱いうちにザックリと混ぜる。

材料（2人分）

鶏ささ身 … 2本（100g）
オクラ … 3本（30g）
トマト … 1コ（150g）
きゅうり … ½本（50g）
もずく（生／味のついていないもの）… 40g
梅干し（塩分10%）… 1コ
A
- 水 … カップ1½
- しょうゆ … 小さじ1
- 酢 … 小さじ½

◎塩

塩をふった野菜から出た水分も、スープのうまみになります。

1 オクラはぬれた手に塩1つまみをつけてこすり合わせ、水でサッと洗い、ヘタを取って5mm厚さの小口切りにする。トマトはヘタを取り、種を除きながら1.5cm角に切る。きゅうりは皮をしまむきにし、四つ割りにして5mm厚さに切る。梅干しは種を取ってたたく（種もとっておく）。これらを耐熱ボウルに入れ、塩1つまみをふって軽く混ぜ（写真）、1～2分間おく。

2 もずくは洗って水けをきる。ささ身は斜め薄切りにする。

3 **1**に**2**とAを加えてザックリと混ぜ合わせ、ふんわりとラップをして電子レンジ（600W）に4分30秒間かける。そのままレンジ庫内に1～2分間おく（突沸防止）。好みで冷蔵庫で冷やす。

夏野菜ともずくのスープ

調理時間15分（冷やす時間は除く）　1人分80kcal

夏バテしそうだなと思ったら、このスープで滋養をつけます。
火のそばに立たなくていいから、暑い夏にはほんとに助かりますね。
梅のうまみが味の要ですが、梅のかわりに塩昆布でも。
温かいままでも冷やしてもおいしいので、お好みで。

紫たまねぎのマリネ

調理時間7分（冷ます時間は除く）　全量110kcal

レモンの爽やかな酸味で、たまねぎの辛みはまろやか。
レモンの酸で紫たまねぎが発色し、
鮮やかなピンク色になります。
春は新たまねぎでつくっても。
たまねぎは繊維を断って、口当たりよくします。

材料（つくりやすい分量）

紫たまねぎ … 1コ（200g）

A
- レモン汁・白ワイン（または酒） … 各大さじ1
- 砂糖 … 小さじ2
- 塩 … 小さじ¼

◎塩

1 紫たまねぎは横に薄切りにする。塩小さじ¼をもみ込み、出てきた水けをきって耐熱の保存容器に入れる。Aを混ぜ合わせて回しかけ、混ぜる。

2 ふんわりとラップをして電子レンジ（600W）に3分30秒間かける。ラップを外し、たまねぎのくせをとばしながら冷ます。すぐに食べられるが、冷蔵庫で冷やすと味がよくなじんで、さらにおいしい。

保存

冷蔵庫で約4日間。

レタスで豚肉をはさむことで、肉のうまみがレタス全体に行き渡ります。

レタスと豚肉のレンジ蒸し

調理時間10分(粗熱を取る時間は除く)　**1人分170kcal**

温かいレタス料理は、電子レンジがおすすめ！
シャキシャキ感を程よく残しながら、
豚肉のうまみがたっぷりしみ込みます。
味つけはシンプルな調味料だけにして、
レタスの甘みを堪能しましょう。
かさがキュッと減るので、丸ごと1コも
2人でペロリと食べられますよ。

材料(2人分)

レタス … 1コ(300g)
豚肩ロース肉(薄切り) … 5枚(120g)

A
- 酢 … 小さじ1
- 塩 … 1つまみ

B
- しょうゆ … 小さじ2
- 練りがらし … 小さじ½

1 レタスは食べやすい大きさに切る。豚肉は食べやすい大きさに切り、Aをもみ込む。

2 耐熱ボウルにレタスの半量を入れ、豚肉を広げてのせる。その上に残りのレタスをのせる(写真)。ふんわりとラップをして電子レンジ(600W)に5分間かける。ラップをしたまま粗熱を取る。

3 汁けをきり、Bを混ぜ合わせてかけ、あえる。

チンゲンサイと豚肉の
みかんポン酢あえ

調理時間10分(粗熱を取る時間は除く)　**1人分200kcal**

チンゲンサイと豚肉は交互に重ねてレンチンし、
豚肉のうまみをチンゲンサイにたっぷり吸わせます。
葉はクタッと柔らかく、軸はシャキッ。食感の違いも楽しめます。
甘酸っぱいみかんポン酢がよく合いますよ。

材料(2人分)

チンゲンサイ … 1株(150g)
豚こま切れ肉 … 120g
A
- 酒 … 小さじ1
- 酢 … 小さじ½
- 塩 … 小さじ¼

みかんポン酢
- みかん … 1コ
- しょうゆ … 大さじ2

交互に重ねると豚肉はくっつきにくく、チンゲンサイには肉のうまみがしみ込みます。

1 チンゲンサイは軸と葉に分け、軸は縦に1cm幅に、葉は横に3〜4cm長さに切る。豚肉は大きければ食べやすい大きさに切り、Aをもみ込む。

2 みかんポン酢をつくる。みかんは半分に切って果肉ごと果汁を搾り、しょうゆと混ぜ合わせる。

3 耐熱ボウルにチンゲンサイと豚肉を⅓量ずつ交互に重ねる(写真)。ふんわりとラップをし、電子レンジ(600W)に4分30秒間かける。ラップをしたまま粗熱を取り、全体をザックリと混ぜる。

4 器に**3**を盛り、**2**をかけて軽くあえる。

豚にらもやし

調理時間7分（粗熱を取る時間は除く） 1人分120kcal

豚肉×にら×もやしの鉄板トリオの定番炒めも、
電子レンジでつくると、すっきり軽やか。
油の量も少なくてすむので、ヘルシーです。
油っこいものは避けたいけれど、精はつけたい。
50歳からは電子レンジを賢く使ってスタミナアップ！

材料（2人分）

豚切り落とし肉 … 80g
にら … 5本（20g）
もやし … ½袋（100g）
A
- オイスターソース … 小さじ1
- ごま油 … 小さじ½
- 酢・塩 … 各小さじ¼

豚肉を野菜の上に広げてレンチンし、
野菜にうまみをしみ込ませます。

1 にらは3cm長さに切って耐熱ボウルに入れ、もやしを加える。豚肉にAをもみ込んで野菜の上に広げ入れる（写真）。

2 **1**にふんわりとラップをし、電子レンジ（600W）に3分30秒間かける。ラップをしたまま粗熱を取り、混ぜる。

RIKO's essay #3

ラクして私が元気になるなら、いいんじゃない？

「笑いに変える力」が欲しい、とよく思います。
友人の夫がザ・亭主関白で、とにかく手がかかって大変。
別の友人は親の介護で奔走している。
それでも彼女たちから聞くのはいつも爆笑エピソードばかり。
同じ話でも暗めに話せば、違う印象になるでしょう。
秘けつを聞くと「笑いに変えるっていうか、笑いとばしたほうが
自分が元気でいられるって気づいたのー。そのためには無理しない。
家事も仕事も、ラクで簡単なやり方に変えられそうなことは、ぜんぶそうしてるよ」と。
ふむふむ。それで、明るく機嫌よく過ごせるなら、そっちのほうが家族も喜ぶよね。
レンジも自分をラクにしてくれるひとつ。
ただし、手間は増やさず、おいしくする工夫はします。
特に野菜でもう1品というとき。
「水くさい」と言えば他人行儀、というニュアンスですが、
語源は、水っぽくてまずいこと。野菜料理でいちばん気をつけたいところ。
だから「塩もみ」や「油通し」など、
水けをコントロールする調理法が生まれたのだと思います。
レンジでは野菜の水分をほどよくとばすことができません。
そこでやや水っぽくなりがちという前提で調味し、
うまみや風味を足してくれる食材と組み合わせます。
水けを吸っていいあんばいのあえ衣になるすりごまと合わせるのも工夫のひとつ。
水けをきって盛りつけるのもお忘れなく。
水くさくなく、栄養も逃さず、野菜をおいしくモリモリいただきましょう。

第４章

短時間でホックリ！
芋やかぼちゃの
元気レシピ

芋類やホックリ仕上げたい野菜は、
電子レンジを使うとスピーディー。
ゆでるよりビタミンや水溶性食物繊維が
抜けにくく、持ち味もしっかり生かせます。
いつまでも健やかに過ごせるように、
腸をきれいに整えましょう。

さつまいものマッシュ
かぼちゃのマッシュ
里芋のマッシュ
じゃがいものマッシュ

芋＆かぼちゃのマッシュ

芋＆かぼちゃの加熱には、電子レンジがおすすめ！
水っぽくならないので、風味もうまみも濃厚です。
特にマッシュは格別。ホックリしながらも、
適度にしっとりした、なめらかで上質な口当たりが楽しめます。
塩やしょうゆ、マヨネーズなどを混ぜて好みの味に調えて、
肉や魚介料理の付け合わせに。

じゃがいものマッシュ

調理時間10分
全量80kcal

材料（つくりやすい分量）とつくり方

1 じゃがいも150g（正味）は耐熱ボウルに入れ、半分の深さまで水を注いで塩1つまみを加える。

2 ふんわりとラップをし、電子レンジ（600W）に5分間かける。そのままレンジ庫内に30秒間おき、水けをきる。

3 泡立て器やマッシャーで好みの加減につぶす。

さつまいものマッシュ

調理時間10分
全量190kcal

材料（つくりやすい分量）とつくり方

さつまいも150g（正味）は上記「じゃがいものマッシュ」と同様につくる。

里芋のマッシュ

調理時間10分
全量80kcal

材料（つくりやすい分量）とつくり方

里芋150g（正味）は上記「じゃがいものマッシュ」と同様につくる。ただし、電子レンジにかける時間は5分30秒間にする。

かぼちゃのマッシュ

調理時間10分（粗熱を取る時間は除く）
全量100kcal

材料（つくりやすい分量）とつくり方

かぼちゃ（種とワタは除く）150gはよく洗って皮付きのまま、上記「じゃがいものマッシュ」**1**～**2**と同様にして電子レンジにかける。粗熱を取って皮をむき、好みの加減につぶす。

芋＆かぼちゃのマッシュで！

そのまま楽しむだけでなく、料理にも！
どのレシピも好みのマッシュでアレンジできます。

マッシュポテト

調理時間5分　1人分50kcal

牛乳を少し加えて、なめらかにのばします。
好みでバターを加えても。

材料（2人分）

じゃがいものマッシュ（P.75参照／温かいもの）… 全量

A
- 牛乳 … 大さじ2
- 塩 … 小さじ¼

じゃがいものマッシュにAを加え、泡立て器で混ぜ合わせながら、なめらかにする。

さつまいもの茶巾

調理時間10分　1コ分40kcal

甘みをつけて、きんとん風のおやつに。
なめらかにしたい場合は、ざるでこしても。

材料（6コ分）

さつまいものマッシュ（P.75参照／温かいもの）… 全量

牛乳（または豆乳〈無調整〉）… 大さじ1

◎砂糖／塩

1 熱湯・砂糖各大さじ1、塩1つまみをよく混ぜ、牛乳を加える。これをさつまいものマッシュに加えてよく混ぜ合わせる。

2 1を⅙量ずつ、水でぬらして堅く絞ったさらしか布巾、または二重にしたラップで包み、茶巾の形に絞る。

かぼちゃのすり流し

調理時間5分　1人分50kcal

だしでのばして、和風のポタージュに。
温かくても、冷やしても。

材料(2人分)

かぼちゃのマッシュ(P.75参照／温かいもの) … 全量
だし(温かいもの) … カップ ¾
黒ごま … 適宜
◎塩

1 耐熱ボウルにかぼちゃのマッシュと塩小さじ¼を入れ、だしを加えてなめらかになるまで混ぜ合わせる。

2 器に盛り、好みで黒ごまをふる。

里芋とベーコンのサラダ

調理時間5分(粗熱を取る時間は除く)　1人分80kcal

カリカリベーコンもレンチンで。
サンドイッチにも合いますよ。

材料(2人分)

里芋のマッシュ(P.75参照／冷ましたもの) … 全量
ベーコン(薄切り) … 1枚(20g)

1 ベーコンは7mm幅に切る。耐熱皿にオーブン用の紙を敷き、ベーコンを重ならないように並べる。ラップはせずに電子レンジ(600W)に1分30秒間かけ、粗熱を取る。

2 里芋のマッシュに**1**を加えて、ザックリと混ぜ合わせる。

肉じゃが

調理時間15分（粗熱を取る時間は除く）　1人分150kcal

まるで鍋で煮込んだかのように、
味のしみたじゃがいもが、ホックリジュワッ。
和食の定番・肉じゃがも、電子レンジで上手にできます。
豚肉は酢をもみ込んで、くせを抑えてから野菜の上に広げてレンチン。
すっきりしたうまみを野菜によく含ませます。

材料(2〜3人分)

豚肩ロース肉(しゃぶしゃぶ用) … 6枚(60g)
じゃがいも … 2コ(300g)
たまねぎ … ½コ(100g)
にんじん … (大)½本(100g)
A｜砂糖 … 大さじ2
　｜しょうゆ・酒 … 各大さじ1
◎塩／酢

たまねぎがボウルの底にある状態でレンチンすると、加熱ムラができにくくなります。

1 じゃがいもは大きめの一口大に切る。たまねぎは縦に薄切りにし、塩小さじ½をもみ込んで、しんなりさせる。にんじんは縦半分に切ってから斜め薄切りにする。豚肉は3〜4cm長さに切り、酢小さじ1をもみ込む。

2 耐熱ボウルにたまねぎを入れ、じゃがいも、にんじんの順に重ね、豚肉を広げ入れる。Aを混ぜ合わせて回しかけ、たまねぎ以外の具材を手でザックリと混ぜ合わせる(写真)。

3 ふんわりとラップをして電子レンジ(600W)に9分30秒間かける。ラップをしたまま粗熱を取り、全体を混ぜ合わせる。

じゃがアボカドわさびバター

調理時間10分（粗熱を取る時間は除く）　1人分240kcal

わさびの辛みとアボカドのほろ苦さを効かせた、大人のじゃがバターです。
レンチンするので、熟していない堅いアボカドでも大丈夫。
お酒のつまみにもおすすめですよ！

材料（2人分）

じゃがいも … 1コ（150g）
アボカド … （大）1コ（200g）

A
- 水 … 小さじ1
- 塩 … 小さじ¼

B
- バター … 大さじ1⅔（20g）
- 練りわさび … 小さじ1弱

1 じゃがいもは一口大に切る。アボカドは種と皮を除き、一口大に切る。

2 耐熱ボウルに**1**を入れてAをふり、全体を軽く混ぜ合わせる。ふんわりとラップをして電子レンジ（600W）に6分間かけ、ラップをしたまま粗熱を取る。

3 Bを加え、具材を軽くつぶしながら混ぜる。

ゴーヤーとアボカドのポテトサラダ

調理時間10分（冷ます時間は除く）　1人分100kcal

余計な調味料は使わずに、
シンプルに素材の味を楽しむポテサラです。
アボカドはじゃがいもと相性がよいので、
よく組み合わせて使っています。
さらにゴーヤーの苦みと食感を加えて、
キリッとした味わいに。

材料（2人分）

ゴーヤー … ½本（120g）
アボカド … （大）½コ（100g）
じゃがいも … （小）1コ（100g）
レモン汁 … 大さじ1
◎塩

1　ゴーヤーは縦半分に切ってワタと種を取り、さらに縦半分に切ってから横に7mm厚さに切る。アボカドは種と皮を除き、2cm角に切る。

2　じゃがいもは半分に切り、断面を下にして耐熱ボウルに入れる。ふんわりとラップをして電子レンジ（600W）に4分間かける。

3　**2**に**1**と塩小さじ½を加え、ふんわりとラップをして電子レンジに1分30秒間かける。熱いうちにレモン汁を加え、じゃがいもを軽くつぶしながらざっと混ぜ、再びラップをして冷ます。

少しおいて味をなじませてから、電子レンジにかけます。

材料（2人分）

さつまいも … （小）1本（200g）

みつ

砂糖 … 大さじ2

油（香りの強くないもの）・水 … 各大さじ1

塩 … 1つまみ（1g）

黒ごま … 適量

1 さつまいもはよく洗ってところどころ皮をむき、1cm角、5cm長さの棒状に切る。ボウルに入れ、かぶるくらいの水を注いで5分間ほどおく。

2 耐熱ボウルにみつの材料、水けをきった**1**を入れてからめ、1分間ほどおく（写真）。

3 ふんわりとラップをして電子レンジ（600W）に8分間かける。ラップをしたまま人肌程度まで冷ます。器に盛り、黒ごまをふる。

揚げない大学芋

調理時間15分（水を注いでおく時間、冷ます時間は除く）　1人分220kcal

揚げないから軽やかで、油も少なくヘルシーな大学芋です。
それでいてツヤッと香ばしく、申し分のないでき上がり。
みつに油を加えてコクをつけるのがポイントです。
この手軽さと満足感を知ったら、揚げる大学芋には戻れませんよ！

かぼちゃと豚肉の煮物

調理時間10分（粗熱を取る時間は除く）
1人分240kcal

かぼちゃと豚肉は、私が大好きな組み合わせ。
甘いかぼちゃが豚肉のうまみと調味料を吸って、
ご飯によく合う甘じょっぱい味わいに。
味のしみ込みにくいかぼちゃは、
豚肉と調味料をよくからめてから
レンチンするのがポイント。

かぼちゃに味がしみやすいように、まんべんなく混ぜ合わせます。

材料（2人分）
かぼちゃ … ¼コ（200g）
豚切り落とし肉 … 100g
A｜ みりん・しょうゆ・砂糖 … 各大さじ1
◎塩

1 かぼちゃは水にサッとぬらし、ラップをせずに電子レンジ（600W）に2分間かけて粗熱を取る。皮を少し残してむき、大きめの一口大に切る。豚肉は塩小さじ¼をもみ込む。

2 耐熱ボウルにAを入れて混ぜ、**1**を加えて混ぜ合わせる（写真）。

3 ふんわりとラップをして電子レンジに5分30秒間かける。ラップをしたまま粗熱を取り、肉をほぐしながら混ぜる。

にんじんのグラッセ

調理時間10分　全量160kcal

にんじんにグラニュー糖と塩をまぶし、出てきた水分でシロップ状に。
水を加えないので、にんじんの甘みを最大限に引き出せます。
すっきりした甘さのグラニュー糖を使いますが、なければ砂糖でも。
バターはレンチン後の余熱で溶かして、
香りのベールをまとわせます。

材料（つくりやすい分量）

にんじん … 1本（150g）

A　グラニュー糖（または砂糖） … 小さじ2
　　塩 … 小さじ½

◎バター

塩とグラニュー糖をまぶすと、にんじんから水分が出やすくなります。

1. にんじんは長さを2〜3等分に切り、さらに三〜四つ割りにする。好みで面取りをして耐熱ボウルに入れる。

2. Aを加えてまぶし（写真）、ふんわりとラップをして電子レンジ（600W）に4分間かける。

3. 熱いうちにバター大さじ1弱（10g）を加えて再びラップをし、バターが溶けるまでおいてからめる。

グリンピースの甘だし

調理時間8分（冷ます時間は除く）　**全量90kcal**

だしがキリッと効いた、含め煮風の一品。
甘さ控えめで、ご飯に合う味わいです。
すべての材料を合わせたら、あとはほったらかしで、
ふっくらきれいに煮上がります。
冷凍のグリンピースでもおいしくできるので、
旬以外でも楽しめますよ。

材料（つくりやすい分量）

グリンピース（さやから出す）… 100g（正味）

A
- だし … カップ½
- 砂糖・しょうゆ … 各小さじ½
- 塩 … 小さじ¼

1 耐熱の保存容器にグリンピースとAを入れて、ふんわりとラップをする。

2 電子レンジ（600W）に5分間かけ、そのままレンジ庫内に1〜2分間おき（突沸防止）、冷まして味を含ませる。

保存

冷蔵庫で約2日間。

RIKO's essay #4

1コのじゃがいも上手になりたくて

何度も何度も失敗しました。
もしかするとこの仕事を始めて以来、最高に失敗したかも。
それが電子レンジでじゃがいも1コを上手にゆでる、です。
私は、日ごろから料理に失敗なし、食べられればいい、気にするな、と言っています。
しかし、レシピにするとなるとそんなわけにもいきません。
世界が絶賛する大リーグ・エンゼルスの大谷翔平選手の打率はだいたい3割。
いやしかし、ここは超人的8割バッターを目指したい。
理想は、加熱ムラがなく全体がしっとりほっこり、
端っこだけが堅くなったりもしない、蒸籠《せいろ》で蒸したような仕上がり。
これがなかなか難しい。
そしてたどり着いたのがご紹介しているレシピです。
じゃがいもの半分まで水を入れて半身浴させながらレンチンすることで、
超人的8割バッターになったかと思います。
加熱時間はダイレクトにラップで包むよりも少し長くなりますが、
仕上がりはこちらに軍配が上がる？ はず。ほかの芋類も繰り返しやってみました。
以来、少ない量なら電子レンジに任せられるように。
よく、1回食べきりの量のポテトサラダをつくっています。
居酒屋に入ってメニューにポテサラがあったら、
どれどれと必ず頼んでみるポテサラ好きなので。
にんじんやきゅうり、ハムを入れる定番だけでなく、梅干しとほぐしたあじの干物とか、
ゆでた金柑とレモン汁とか、すりごまとたくあんとか、
オリーブ油と黒こしょうたっぷりにウインナーとか、いろいろなポテサラです。
気軽につくる、食べきり芋料理のレパートリーがすごく広がりました。

第５章

気軽に手づくり！
なめらかデザート

電子レンジは料理だけでなく、デザートも得意です。
特に粉ゼラチンを使ったプルルン系と、
フルーツのコンフィチュールは上手にできます。
ここで紹介するレシピは、どれも自信作。
簡単にできて、とびっきりおいしいので、
ぜひつくってみてくださいね。

白ワインフルーツゼリー

調理時間15分（粗熱を取る時間、冷やし固める時間は除く）　1コ分120kcal

ゼラチンは沸騰させると固まりにくくなる性質があります。
電子レンジは適温でゼラチンを溶かせるので、鍋より失敗がありません。
ダマになりにくいので、のどごしのよい、なめらかな口当たりが楽しめます。
季節のフルーツたっぷりの白ワインゼリーは、私の定番デザート。
柿、洋梨、いちごなど、好みのフルーツでつくってくださいね。

材料（容量150mℓのグラス4コ分）

ぶどう … 12粒（約200g）
桃 … 1コ（200g）
粉ゼラチン … 10g
A
- 白ワイン・水 … 各カップ1
- グラニュー糖 … 大さじ4
- レモン汁 … 大さじ1

ミント（生）…適宜

1 小さめの器に粉ゼラチンを入れ、水大さじ3をゼラチン全体にかけ、粉っぽさがなくなるまで1分間ほどおいてふやかす。

2 ぶどうは皮をむく。桃は皮をむいて種を除き、一口大に切る。これらをグラスに彩りよく等分に入れる。

3 耐熱ボウルにAを入れて混ぜ、**1**のふやかしたゼラチンを加える。ふんわりとラップをして電子レンジ（600W）に2分間かけ、よく混ぜる。再びラップをして粗熱を取る（ゼリー液）。

4 **2**に**3**のゼリー液を等分に注ぎ、冷蔵庫で3時間ほど冷やし固める。食べるときに好みでミントを添える。

しょうが
ミルクプリン

調理時間10分（粗熱を取る時間、冷やし固める時間は除く）
1コ分60kcal

フルフルの柔らかミルクプリンに、
しょうがの辛みと香りを
キリッと効かせた、大人のプリンです。
しょうがは皮ごとすりおろして絞ると、
香りがよくたちます。

材料（容量100mℓのグラス4コ分）

しょうが … 30g
粉ゼラチン … 5g
A ｜ 牛乳 … カップ1¼
　｜ 砂糖 … 大さじ2
しょうが（飾り用／薄切り）… 適宜
◎砂糖

1 小さめの器に粉ゼラチンを入れ、水大さじ2をゼラチン全体にかけ、粉っぽさがなくなるまで1分間ほどおいてふやかす。

2 しょうがはよく洗って皮付きのまますりおろす。ペーパータオルで包んで絞り、しょうが汁をとる（約大さじ1になる）。

3 耐熱ボウルにAと**2**を入れて混ぜ、**1**のふやかしたゼラチンを加える。ふんわりとラップをして電子レンジ（600W）に2分間かけ、よく混ぜる。再びラップをして粗熱を取る（プリン液）。

4 グラスに**3**のプリン液を等分に注ぎ、冷蔵庫で3時間ほど冷やし固める。好みで飾り用のしょうがに砂糖適宜をまぶし、添える。

材料（容量150mℓのグラス2コ分）

黒豆の甘煮* … 40g
粉ゼラチン … 5g
A
- 水 … カップ1
- グラニュー糖 … 大さじ1⅓
- 酒 … 大さじ1

金箔（刻んだもの） … 適宜

*市販でも自家製でも。

1 小さめの器に粉ゼラチンを入れ、水大さじ2をゼラチン全体にかけ、粉っぽさがなくなるまで1分間ほどおいてふやかす。

2 耐熱ボウルにAを入れて混ぜ、**1**のふやかしたゼラチンを加えてふんわりとラップをし、電子レンジ（600W）に1分30秒間かけてよく混ぜる。再びラップをして粗熱を取る（ゼリー液）。

3 黒豆の甘煮はトッピング用に10粒ほど取り分け、残りをグラスに等分に入れる。**2**のゼリー液を等分に流し入れ、冷蔵庫で3時間ほど冷やし固める。

4 トッピング用の黒豆の甘煮を等分にのせ、好みで金箔を散らす。

黒豆ゼリー

調理時間5分（粗熱を取る時間、冷やし固める時間は除く）　1コ分100kcal

お正月、黒豆の甘煮をつくったら、
少し取り分けてゼリーにします。
年末年始の忙しい合間に、ササッとレンチン。
火を使わないから助かりますね。
金箔《ぱく》を散らすと、ハレの日のデザートらしくなります。
おせち三昧に飽きてきたころに出すと、とても喜ばれますよ。

いちごのコンフィチュール

調理時間10分（冷ます時間は除く）　全量250kcal

私はよく、季節のフルーツでコンフィチュールをつくります。
このときも電子レンジが大活躍。
鍋よりスピーディーにできて、
ほったらかしでも焦がす心配がありません。
いちごは砂糖をふったら少しおき、
水分を出すのがポイント。
いちごの水分で煮るので、濃厚な風味が味わえます。

材料（つくりやすい分量）

いちご … 1パック（250g）

A
- グラニュー糖 … 大さじ3
- レモン汁 … 小さじ2
- 白ワイン（あれば） … 小さじ1
- 塩 … 1つまみ

いちごから水分が出て、均一に熱が入りやすくなります。

1 いちごはヘタを取って縦半分に切り、耐熱ボウルに入れる。Aを加えていちごにからめ、2〜3分間おく（写真）。

2 ふんわりとラップをし、電子レンジ（600W）に4分間かける。ラップをしたまま冷まし、清潔な保存瓶に入れる。

保存

冷蔵庫で約1週間、冷凍用保存袋に入れて冷凍庫で約1か月間。

いちごソーダ

炭酸水で割ってドリンクに！

いちごのコンフィチュール（左記参照）大さじ3に対して炭酸水80mℓがおいしい目安。好みで加減してください。

いちごモッツァレラ

チーズにのせて。ワインのお供にも！

モッツァレラチーズ適量にいちごのコンフィチュール（左記参照）適量をのせ、塩少々、黒こしょう（粗びき）適量をふり、オリーブ油適量をかけます。

80歳になったら私は何を食べているんだろう？

料理が大好きだけど、きっと母と同じように、

台所に立つのがしんどくなったり、火がちょっと怖くなったりしているんだろうな。

とはいえ、外で買ってくるのもままならないかも。

それに50代の今でさえ、市販のものは塩味がきつかったり、油っこかったり。

たくさん食べられなくなったからか、外食もちょっと億劫《おっくう》に。

からだのことを思えば、今こそ丁寧に食べなきゃなのに、それがなかなかできない。

まるでカチッと収まらないルービックキューブみたい。

70歳になっても、80歳になっても、自分の好きな味を食べていたい。

それができたら、かなりハッピーなんじゃないか？ しかもラク〜に。

この本ではそう願って、50歳から電子レンジを使い始めた

私のレンジ料理をご紹介しています。

野菜は加熱してもシャキッとフレッシュさが残り、食材それぞれに存在感がある。

味つけはシンプルで重くならならないように、ヘルシー寄りで。

見た目もきれいで気分が上がる、そんなレンジ料理を目指しました。

ただ、これはあくまでベース。何度かつくってコツをつかんだら、

自分の好きな味つけや食材に変えて、あなたの「私の味」「私の好物」に育ててください。

塩をみそやしょうゆに、ピーマンをきゅうりに、鶏肉を豚肉に、とアレンジして

「私のテッパン」を見つけてもらえたらうれしいです。

できあがるとチン！と鳴るからレンチン。蒸すとも、焼くとも、煮るとも違います。

使いこなしてみれば、ラクチンのチンでもあると思う。火を使わないし、洗い物も減ります。

歳を重ねると、似合う服も欲しいものも暮らし方も変わるように、

台所仕事もラクなほうにシフトして、80歳になっても、自分の好きな味を食べ続けましょう。

いい年してレンチンビギナーだった私から、

料理は好きだけどレンチンはちょっと、というみなさまに捧げたいと思います。

そして、この本のきっかけをくれて旅立った大好きな母に、ありがとう。

山脇りこ

この本のきっかけとなった母と。

山脇りこ（やまわき・りこ）

料理研究家。東京都内で料理教室を主宰。長崎県の日本旅館に生まれ、四季折々の料理に触れながら育つ。旬を大切にし、素材を生かした野菜料理や保存食が得意。忙しい毎日でもストレスなく楽しめるアイデアが光る、小粋な家庭料理を提案する。将来の自分のために始めたレンジ調理にもモダンなセンスが生かされ、今までにない斬新なレシピを日々更新中。食いしん坊の旅好きで、国内外の市場や生産者巡りがライフワーク。特に台湾はガイドブックを刊行するほど精通する。2023年春に上梓した、初の食と旅のエッセイ『50歳からのごきげんひとり旅』（大和書房）が大好評。

https://www.instagram.com/yamawakiriko/

アートディレクション・デザイン　遠矢良一（Armchair Travel）
撮影　宮濱祐美子
スタイリング　久保田朋子
調理助手　杖谷萌香
校正　今西文子（ケイズオフィス）
栄養計算　宗像伸子
編集　宇田真子／米村 望、櫛田名緒（NHK出版）

※ この本は「NHKきょうの料理ビギナーズ」テキスト2022年7月号並びに、2023年1月号から3月号までに掲載したレシピに新しいレシピを加え、再編集したものです。

おいしいものを手軽に少量で
50歳からはじめる、大人のレンジ料理

2023年10月20日　第1刷発行
2024年 7月25日　第2刷発行

著　者　山脇りこ
　　　　©2023 Yamawaki Riko
発行者　江口貴之
発行所　NHK出版
　　　　〒150-0042　東京都渋谷区宇田川町10-3
　　　　電話 0570-009-321（問い合わせ）
　　　　　　 0570-000-321（注文）
　　　　ホームページ　https://www.nhk-book.co.jp

印刷・製本　大日本印刷

Printed in Japan
ISBN978-4-14-033328-0　C2077